Ann Kathrin Senftner

Feuerchen und Flämmchen

Brandschutz erklärt für Kinder

Ann Kathrin Senftner

FEUERCHEN UND FLÄMMCHEN

Brandschutz erklärt für Kinder

Mit Illustrationen

von Ann Kathrin Senftner

In einem Zwiegespräch von Feuerchen und Flämmchen wird das Thema Brandschutz kindgerecht und lebendig dargestellt. Die Geschichte ist kein Ersatz für die Brandschutzerziehung von Kindern durch Erwachsene. Alle Angaben in diesem Buch erfolgen daher ohne jegliche Gewährleistung oder Garantie seitens des Verlags oder der Autorin. Eine Haftung der Autorin bzw. des Verlags und seiner Beauftragten für Personen-, Sach- und Vermögensschäden ist ebenfalls ausgeschlossen.

Bibliographische Information der Deutschen Nationalbibliothek: Die Deutsche Nationalbibliothek verzeichnet diese Publikation in der Deutschen Nationalbibliographie; detaillierte bibliographische Daten sind im Internet über http://dnb.dnb.de abrufbar

Für alle, die sich über vorbeugenden
Brandschutz unterhaltsam informieren
wollen

Inhalt

Das Flämmchen kommt zum Feuerchen

Es waren einmal ein Flämmchen und ein Feuerchen. Das Flämmchen brannte am Docht einer dicken Weihnachtskerze. Um die Weihnachtskerze herum lagen ein paar frische grüne Tannenzweige. Die Tannenzweige dufteten nach Wald, Holz und eben Tannen und brachten das weihnachtliche Gefühl in den Raum, was das kleine Flämmchen so mochte. Dem Flämmchen gegenüber brannte ein kleines behagliches Feuerchen. Das Feuerchen brannte in einem kleinen gusseisernen Bollerofen. Das Holz knackte während es brannte.

Das Feuer fühlte sich wohl, denn es hatte
Gesellschaft bekommen. Das Flämmchen
war in der Zeit vor Weihnachten zu ihm
gebracht worden. Und so unterhielten sich
die beiden über ihr zu Hause und welch ein
Glück sie doch hatten, es hier so gemütlich
zu haben.

Als das Flämmchen gerade frisch entzündet
war, fragte es sofort das Feuerchen: „Ui, wo
bin ich denn hier gelandet, und wer hat
mich gerade aus dem Feuerzeug
herausgelassen?" „Das war der Udo",
antwortete das Feuerchen. Und es erklärte
dem Flämmchen, wo es gelandet war. „Der
Udo, das ist der Dicke, der sorgt hier immer
dafür, dass es gemütlich ist bei uns, durch
mich, das Feuerchen, und durch dich, das
Flämmchen. Denn wenn ein Feuerchen in
einem Ofen brennt und ein Flämmchen an
einer Kerze, dann mögen das die Menschen."
„Die Menschen?", fragte das Flämmchen,

„sind das die, die hier immer rumlaufen, gell?" „Ja", sagte das Feuerchen, „ja die Menschen, das sind die Maria, der Kurt, der Udo, die Lieselotte und die ganzen anderen... ." Eigentlich kannte das Feuerchen alle Namen, aber wie das so ist, es war eben schon etwas in die Jahre gekommen. Und so vergaß es ab und zu einmal eine Menge. Aber das war nicht weiter schlimm, denn die Menschen sorgten für das Feuerchen. „Weißt du", sagte es, „wir zwei, wir sind etwas ganz Besonderes." „Echt?", fragte das Flämmchen. „Ja, wir zwei, wir dürften hier eigentlich gar nicht sein." „Ja wie? Warum dürften wir nicht sein?" Und da erklärte das Feuerchen dem Flämmchen, was es mit ihrem besonderen Dasein auf sich hatte:

Feuer, angenehm aber gefährlich

„Weißt du Flämmchen, der Grund für unser
Dasein ist nämlich ein ganz besonderer. Es
gab einmal einen schweizerischen
Architekten. Weißt du wo die Schweiz ist?"
„Ja", meinte das Flämmchen, „das ist da, wo
die vielen hohen Berge sind mit dem
Schnee." „Ja, das sind die Berge der Alpen,
so heißt das Gebirge. Südlich von
Deutschland liegt die Schweiz und die ist
voller solcher hoher Berge mit Schnee oder
auch mit grünen Wiesen und Kühen und
Alm-Öhis." „Aha", meinte das Flämmchen
und war etwas irritiert, denn solche Dinge
hatte das Flämmchen noch nie gesehen.

„Du musst wissen Flämmchen", meinte das Feuerchen, „die Schweizer sind nicht so streng mit dem Feuer wie die Deutschen, unsere Menschen hier. Bei den Schweizern brennt es auch ab und zu mal. Und wenn ich meine es brennt, dann brennt da unten in der Schweiz auch gleich ein ganzes Haus, und das mögen die Menschen gar nicht, denn sie haben große Angst vor zu viel Feuer. Weil, weißt du Flämmchen, an mir, dem Feuer und an dir Flämmchen können sich die Leute nämlich verbrennen, und wenn sie zu viel Rauch von mir einatmen, dann geht es ihnen sehr schnell sehr schlecht, und sie schlafen ein und wachen manchmal auch gar nicht wieder auf. Das mögen sie gar nicht, denn sie hängen sehr an ihrem Leben und an ihren Mitmenschen, und sie hängen auch arg an ihrem Hab und Gut." „Wirklich?", meinte das Flämmchen, „aber ich kann mir gar nicht vorstellen, dass wir für sie irgendwie schlecht sein könnten. Sie mögen uns doch so?!" „Ja", meinte das Feuerchen, „uns mögen sie nur, wenn wir da brennen und Wärme spenden, wo sie es haben möchten. Denn, weißt du, so wie du im Feuerzeug schlummertest, schlummern bei den Menschen in vielen Gegenständen Flämmchen: Im Computer, in der Kaffeemaschine, im Herd, in allen Dingen, die mit einem Knopfdruck etwas Aufregendes machen können, also wenn elektrischer Strom oder Gas durch Leitungen fließt. Aber aus diesen Dingen wollen Sie kein Flämmchen haben. Denn diese Flämmchen haben keine Schale, die das Feuer abhält. So wie du die Glasschale unter dir hast und ich den gusseisernen Ofen um mich herum habe." „Aha, und was machen die Glasschale unter mir und dein gusseiserner Ofen?"

„Na ja", meinte das Feuerchen, „sie sorgen dafür, dass wir unsere Größe behalten und keinen anderen Gegenstand anzünden. Weil, weißt du, ein anderer Gegenstand, zum Beispiel ein Holztisch, könnte wieder einen anderen Gegenstand anzünden, wenn einmal die Flammen da sind." „Ja", meinte das Flämmchen, „so wie mein Flämmchen größer wird, wenn ich mehr Wachs und Luft zum Brennen habe." „Ja, genau so", sprach das Feuerchen. „Wenn du zum Beispiel kein Glasschälchen unter dir hättest, dann würdest du, wenn dein Wachs alle ist, das Tischholz nehmen und verbrennen. Und wenn der Tisch brennt, werden die Flammen immer größer und dann brennt die Decke. Und wenn die Decke brennbar ist, dann ist es auch schon ziemlich heiß hier, und dann kann sie nach oben durchbrennen. Und die Wände können zur Seite durchbrennen. Und dann ist ganz schnell alles kaputt."

FEUER!
HILFE!

„Nein, das wäre ja gar nicht gut", meinte
das Flämmchen. „Das versteh ich jetzt auch,
dass die Menschen das nicht wollen. Und
warum Feuerchen, sind wir denn hier etwas
Besonderes? Ich meine die Menschen
brauchen uns doch. Dich, dass sie es schön
warm und gemütlich haben und mich, eben
wegen Weihnachten und wegen der
Romantik und weil es doch einfach so schön
ist, eine Kerze anzuhaben."
„Weißt du Flämmchen", meinte das
Feuerchen. „Die Menschen möchten immer
alles so ordnen und regeln, dass möglichst
wenig Schlimmes passiert. Deswegen gibt es
Regeln, wie die Menschen Gebäude bauen.
Es gibt für kleine Häuser andere Regeln als
für große Häuser und für Häuser, in denen
gearbeitet wird, gibt es wieder andere
Regeln als für Schulen, Kindergärten oder
Häuser, in denen Menschen wohnen und
leben." „Ui", meinte das Flämmchen, „das

ist ja ganz schön kompliziert." „Ja", meinte das Feuerchen. „Das machen vor allen die Deutschen kompliziert. Aber wenn man es einmal verstanden hat, ist es ganz einfach. Beim einen dauert es eben länger, beim anderen etwas kürzer.
Ach ja und ich wollte dir ja noch etwas erzählen, warum wir so besonders sind."

Sepp soll ein Haus planen

„Ja, erzähl schon", drängelte das
Flämmchen, das es einfach nicht mehr
abwarten konnte. „Also", begann das
Feuerchen, „da war einmal ein
schweizerischer Architekt, der Sepp.
Eigentlich hieß er Sebastian, aber das sagte
nur noch seine Mutter zu ihm. Na ja, und
der Sepp war dabei ein großes Haus zu
bauen, in Deutschland, genauer gesagt in
Mannheim. In dieser besagten Stadt am
Neckar wollte der Feuerverlag ein großes
Haus mit vielen Schreibtischen zum
Schreiben, einer kleinen Halle für Versuche
und Gemeinschaftsräume haben." „Was ist
denn der Feuerverlag?", warf das
Flämmchen ein. „Oh Entschuldigung, das
weißt du ja gar nicht. Der Feuerverlag ist

hier in diesem Haus, das sind viele Leute
die viele Texte, Zeitschriften und Ordner
zum Thema Brandschutz machen. Also, dass
aus einem kleinen Feuerchen kein größeres
und gefährliches Feuer wird." „Aha", meinte
das Flämmchen. Das Feuerchen erzählte
weiter. „Also der Sepp, der schweizerische
Architekt, hatte den Auftrag, das große
Haus zu planen. Die Menschen würden
sagen, es soll einen Büroturm mit
Versuchshallen geben.
Am Anfang hatte der Sepp gar nichts auf
dem Papier. Und er wusste überhaupt nicht,
was er für ein Haus zeichnen sollte. Er
schaute sich ein paar Häuser an. Da waren
große beeindruckende Gebäude mit vielen
Büros in Mannheim. Aber in sehr vielen, in
denen der Sepp war, waren die Angestellten
müde und schlapp, oder sie liefen hektisch
hin und her.

Einen Platz zum Ausruhen, wie seine Kuschelecke im Büro, hatten die meisten erwachsenen Menschen nicht. Und der Sepp war sich sicher, deswegen mussten die alle auch so alt aussehen, weil die sich zu wenig ausruhten." „Also ich find es hier schön", meinte das Flämmchen. „Dann ist dem Sepp ja doch noch was Tolles eingefallen, als er unser Haus gezeichnet hat." „Ja", meinte das Feuerchen. „Dem Sepp ist noch was Schönes eingefallen. Zuerst wollte er ein Haus bauen, das aussieht wie eine große Flamme. Aber da wanden sich die Bauherren des Feuerverlags. Denen war eine aufwändige Konstruktion zu teuer." „Ein Bauherr?", fragte das Flämmchen. „Ein Bauherr, so nennt man den Menschen, der das Geld für ein Gebäude ausgibt und dem das Gebäude dann hinterher auch gehört. Wo war ich denn? Ah ja. Da nahm der schweizerische Architekt die Regeln zum

Bauen eines solchen Gebäudes in die Hand: Die Bauordnung von Baden-Württemberg."

„Das klingt wichtig", meinte das Flämmchen. „Ja", erwiderte das Feuerchen, „das ist auch wichtig, und weil das so wichtig ist, schreiben ein paar wichtige Menschen immer mal wieder etwas Neues dazu. Deswegen gibt es immer mehr Regeln, was manche Menschen furchtbar ärgert. Der Sepp hat dann beim Lesen gemerkt, dass es noch eine weitere Regel gibt, die er woanders nachschlagen muss. Und da liest der doch glatt: *Offenes Feuer in Bürogebäuden wegen Brandschutz verboten.* Da dachte der Sepp lange nach. Wie sollte das denn gehen? Ein Verlag, der jeden Tag über Feuer schreibt, bei dem aber nie ein Feuer brennt! Das konnte der Sepp sich einfach nicht vorstellen. Er las weiter, und er las, dass Fluchtwege frei und kurz sein mussten, dass die Menschen möglichst schnell raus können, wenn's brennt. Er las, dass es für so ein großes Gebäude, wie er bauen wollte, auch immer noch einen zweiten Weg für jeden geben musste, raus zu kommen und wo die Menschen vielleicht auch mal auf die Feuerwehr warten müssen, bis die mit einer Leiter kommen." „Wieso sind denn dann da keine Leitern ums Gebäude rum verteilt?", fragte das Flämmchen. „Das frag ich mich auch manchmal. Aber vielen Menschen ist das dann zu hoch, und sie sind nicht ganz schwindelfrei, und dann warten lieber alle gemeinsam auf die Feuerwehr. Die braucht eben ein bisschen Zeit, bis sie da ist", antwortete das Feuerchen. „Na, komisch", wunderte sich das Flämmchen. „Ja alles versteh ich auch nicht bei den Menschen", sagte das Feuerchen.

Sepp schläft und träumt

„Aber die Geschichte geht ja noch weiter."
„Ja", meinte das Flämmchen, „erzähl
weiter." Und so erzählte das Feuerchen
weiter: „Also der Sepp wurde vom Lesen der
vielen komplizierten Texte ganz müde. Und
so schlief der Sepp über der Baden-
württembergischen Bauordnung einfach ein.
Und er schnarchte und träumte. Er träumte
vom Feuerwehrfest, wo auf einem
abgesicherten großen Platz im Freien immer
ein großes Feuer zum Löschen brannte, das
die Menschen aus Freude anzündeten. Er
träumte auch von dünnen Wänden, die nur
für kurze Zeit Feuer abhielten. Und er
träumte von dickeren Wänden, die das
Feuer abhielten sich weiter zu verbreiten in
andere Räume.

GEBÄUDE
Bau von
SCHRIFT

Und er träumte von einem Bürogebäude, in das der Feuerverlag neu eingezogen war und in dem sich alle Mitarbeiter richtig wohl fühlten, wo keiner müde war und kaum jemand hektisch hin und her rannte. Und da fragte der Sepp jemanden, warum denn alle so entspannt sind, und ein Mitarbeiter sagte: „Weil es hier so schön ist." So kam der Sepp in seinem Traum durch Büroräume, Gänge, große Konferenzräume, eine große Versuchshalle für Versuche mit Feuer, was wie schnell brennt. Dann hatte er irgendwie im Traum Hunger und alle machten eine Mittagspause. Der Mittagspausenraum war schön gemütlich, irgendwie anders als in anderen Mittagspausenräumen, die es in großen Bürogebäuden gab. Hier gab es große schöne Holztische mit einer ganz tollen Maserung. Es sah überhaupt sogar ein klein wenig aus wie in der Schweiz. Oh, dachte

der Sepp, da würden die
Architektenkollegen bestimmt die Nase
rümpfen, wenn sie den Raum sehen würden.
Denn die wollten immer alles gerade,
einfach und glatt. Aber dieser Raum war ja
so gemütlich und so urig. Die Wände hingen
voller Dinge, Regale mit Porzellan wie zu
Omas Zeiten und Backformen. Irgendwie
sah es ein bisschen aus wie in einer
Skihütte, in der die Menschen immer mit
roten Wangen saßen.
Und dann sah der Sepp in seinem Traum
auch, dass die Menschen in dem Raum des
Bürohauses genauso rote Wangen hatten,
wie die Menschen in den Skihütten, und sie
lachten und erzählten sich Witze.
Nachdem sie gegessen hatten, war der Sepp
satt. Und er wurde wieder etwas schläfrig
im Traum. Da meinte ein Mitarbeiter des
Feuerverlags, dass der Sepp doch im
Ruheraum einen kleinen Mittagsschlaf

machen könne. Da staunte der Sepp. Von Ruheräumen hatte er schon gehört und auch welche gesehen, aber nur für schwangere Frauen, die Babys bekamen und wenn sie dann so dick waren, sich manchmal hinlegen mussten. Aber diese Ruheräume waren meistens furchtbar ungemütlich.

Da las der Sepp auf einem Schild, welches den Namen des Raumes trug: „Feuerchengemütlichkeits- und Entspannungsraum." Als der Sepp in den Raum kam, staunte er nicht schlecht. Da brannte ein kleiner Bollerofen, mit einem Feuerchen, das war ich. Der Udo legte Holz nach und auf einem Tisch brannte eine kleine Kerze in einer Glasschale mit Tannenzweigen außen rum. „Aber wie geht das denn?", wunderte sich der Sepp. Und der Udo erklärte ihm, dass der Ruheraum ganz dicke Wände hatte. Und dass, wenn es denn tatsächlich brennen sollte, alles schnell gelöscht werden kann durch Feuerlöscher an der Wand. Ja dass es sowieso ganz lange dauern würde, ehe noch ein anderer Raum brennt und bis dahin hätte die Feuerwehr das Feuer schon gelöscht. Da staunte der Sepp. „Wer hat das denn gemacht?", wunderte sich der Sepp. „Du", antwortete ihm der Mitarbeiter. Da machte es sich der Sepp auf einem Sessel gemütlich und lauschte dem Knacken des Feuerchens und er schlief ruhig ein.

Die Planung in vollem Gang

Als er wieder aufwachte, wusste er, was er für ein besonderes Gebäude für den Feuerverlag bauen wollte, denn er hatte es ja geträumt. Als er zu den Beamten der Stadtverwaltung von Mannheim kam, machten die große Augen. Er wurde zu einem Mann gebracht, der saß hinter einem riesigen Schreibtisch. Er trug eine Nickelbrille, hatte einen großen Bauch und nur noch wenig Haare auf dem Kopf. „Was meinen Sie? Sie wollen offenes Feuer in einem Bürogebäude erlauben? Auch noch einen Ofen reinstellen? Und einen Raum, wo öfters mal Kerzen brennen? Also wir hier in der Stadtverwaltung dürfen dass ja auch schon lange nicht mehr." Der Mann von der Verwaltung runzelte die Stirn. „Na ja, eigentlich sind die Weihnachtsfeiern ohne Kerzen seit dem auch immer doof. Na ja und was der Bürgermeister immer für einen Aufstand macht, wenn hier mal einer an seinem Geburtstag die Kerzen auf einem Kuchen auspusten will, das ist ja auch wirklich ein Zirkus. Aber so sind sie eben die verantwortungsbewussten Feuerwehrmänner. An Regeln muss sich gehalten werden, sonst droht Gefahr." „Ja, ja also", stotterte der Sepp. „Wissen Sie, wenn es sich bei dem Raum um einen Raum mit erhöhter Brandgefahr handelt und die Wände entsprechend dick sind und Feuerlöscher vorhanden und der Hausmeister und der Nachtwächter die Aufgabe haben immer zu gucken, dass alles in Ordnung ist, dann widerspricht das Ihren Regeln eigentlich nicht." „Eigentlich!?", meinte der Verwaltungsbeamte. „Na ja, ich werde mal gucken, was sich da für Sie machen lässt. Schließlich handelt es sich ja beim Bauherrn um den Feuerverlag. Die müssen doch mindestens einmal im Jahr eine Löschübung machen oder?" „Das ist schon gut möglich, zumindest kennen die sich gut mit Feuer aus", antwortete der Sepp.

Die Baugenehmigung

Etwas unsicher ging Sepp zurück in sein kleines Architekturbüro und wartete auf die Baugenehmigung. Er telefonierte mit dem Chef des Feuerverlags und der war frohen Mutes, dass die Genehmigung klappt. Der Bauherr war nämlich selbst gerne in der Schweiz und liebte die Skihütten und die Alm-Öhis. Und als er von Sepps Idee hörte, so gemütliche Gemeinschafträume zu bauen, dass die Mitarbeiter nicht so hektisch sind, und dass sie wenn sie müde sind, auch mal kurz schlafen können, da freute er sich und fand die Idee ganz toll. Er hatte nämlich immer mal wieder Ausfälle zu beklagen, weil seine Mitarbeiter so erschöpft waren vom Arbeiten. Und wenn das passierte, dann fielen ihm ganz wichtige

Mitarbeiter einfach aus, die alle immer
etwas ganz Spezielles anderes Wichtiges
wussten. Und dann wussten die restlichen
Mitarbeiter manchmal einfach nicht mehr
weiter und kamen auch mit ihrer Arbeit
nicht voran.

Eines Tages rief es an beim Sepp. Der Sepp
ging ans Telefon und hörte eine aufgeregte
Stimme am anderen Ende:

„Oh, oh, die Baugenehmigung, wissen Sie, wie Sie das machen wollen mit dem Gemeinschaftsraum, ui haben wir uns da gestritten in der Stadtverwaltung wer Recht hat und wer nicht. Na ja, aber wir denken, wenn Sie einen ordentlichen Ofen bauen, dann ist dagegen gar nichts einzuwenden. Aber verwenden Sie nur Holz, das nachwächst, dass noch genügend Bäume in unserem Wald stehen bleiben." „Aber natürlich", meinte der Sepp. „Ja und wenn Sie einen Ofen zum Heizen bauen, wissen Sie, kann keiner was dagegen machen. Aber er muss zum Heizen sein! Na ja, und das mit den Kerzen und mit den gemütlichen Sesseln, wenn das ein Raum mit erhöhter Brandgefahr ist, dann muss dieser Raum mit einer dicken Tür und dicken Wänden ausgestattet sein. Dann können wir das eigentlich auch nicht verhindern, wenn Sie das so machen. Aber eigentlich ist es verboten! Aber irgendwie auch wieder nicht. Der zuständige Feuerwehrmann ist ganz rot geworden im Gesicht und hat die Luft angehalten und ich dachte auch, er platzt. Aber ist er nicht. Nein, er meinte, so einen Raum, ja so einen Raum, den hätte er auch gerne bei der Feuerwehr, und ihm kullerte auch schon eine kleine Träne übers Gesicht. Stellen Sie sich das mal vor." Da war der Sepp erstaunt, dass das so schnell geht, hätte er nicht gedacht. „Das ist ja ein Wunder!", dachte er. Er hatte sich gerüstet für alle Instanzen, und er wollte sich von einem Gutachter für Brandschutz helfen lassen, wenn die Stadt das Gebäude nicht genehmigt hätte. Aber so schnell? „Danke!", lachte der Sepp. „Ja, auf Wiederhören", meinte der Verwaltungsbeamte. Und Sepp hörte im Auflegen noch ein wirres Gebrabbel. Der Sepp machte sich gleich an

die Arbeit und zeichnete seine Pläne für das
große Bürogebäude noch etwas genauer.
Und bald war es fertig gebaut.

Das Feuer ist aus, wir gehen nach Haus

Dann zogen die Mitarbeiter ein. Die freuten sich über die Gemeinschaftsräume mit dem Ofen auch ganz doll. Und bald bekamen sie rote Wangen in den Pausen, blieben etwas länger bei der Arbeit, machten aber auch länger Pausen. Und es wurde weniger geflucht, und nach getaner Arbeit gingen die Mitarbeiter lachend zu ihren Familien. Und der Sepp, der freute sich, dass sein Traum in Erfüllung gegangen war. Und viele Arbeiter in anderen Firmen sprachen ganz neidisch von dem neuen Feuerverlagsgebäude. Und der Sepp sagte dann immer nur: „Für euch baue ich auch

noch ein ganz besonderes Gebäude, wartet
es nur ab.“

So beendete das Feuerchen seine
Geschichte. Und es sah das Flämmchen an,
das während der ganzen Geschichte schon
sehr müde geworden war. Sie waren froh,
etwas ganz Besonderes zu sein. Und da kam
auch schon langsam der Udo und löschte
das Flämmchen, um es am nächsten Morgen
wieder aus dem Feuerzeug herauszulassen.
Denn alleine, das wussten die Menschen,
durften sie das Flämmchen nicht brennen
lassen.

Es war Feierabend. Die Mitarbeiter des
Feuerverlags gingen nach Hause. Und zu
Hause erzählten sie ihren Kindern die
Geschichte von dem Flämmchen und dem
Feuerchen.

Z
Z
Z

Dank

Danken möchte ich meinen Eltern und meiner Schwester. Sie haben mich ermutigt und beraten.

Erschienen von der Autorin Ann Kathrin Senftner
bei BoD 2016:

Feuerchen und Flämmchen
Brandschutz erklärt für Kinder

Annis Kindergeschichten
Ein Märchen- und Geschichtenbuch